BIOGRAPHIES CONTEMPORAINES

NOTICE

SUR

ARSÈNE THÉVENOT

LITTÉRATEUR

PAR

PAUL VIBERT

Rédacteur en chef du *Sonnettiste*

> Le poète, en des jours impies,
> Vient préparer des jours meilleurs;
> Il est l'homme des utopies :
> Les pieds ici, la tête ailleurs.
> (VICTOR HUGO.)

PARIS

A. CHÉRIÉ, ÉDITEUR
13, Rue de Médicis, 13
1877

NOTICE

SUR

ARSÈNE THÉVENOT

ARSÈNE THEVENOT

BIOGRAPHIES CONTEMPORAINES

NOTICE

SUR

ARSÈNE THÉVENOT

LITTÉRATEUR

PAR

PAUL VIBERT
Rédacteur en chef du *Sonnettiste*

> Le poète, en des jours impies,
> Vient préparer des jours meilleurs;
> Il est l'homme des utopies :
> Les pieds ici, la tête ailleurs.
> (VICTOR HUGO.)

PARIS
A. CHÉRIÉ, ÉDITEUR
13, Rue de Médicis, 13
1877

NOTICE

SUR

ARSÈNE THÉVENOT

§ 1er. — Enfance et études de M. Thévenot (1828-1851.)

THÉVENOT (Arsène) est né à Lhuître, département de l'Aube, arrondissement d'Arcis, canton de Ramerupt, le 10 octobre 1828, d'une honorable famille de cultivateurs aisés dont il était le quatrième fils et le sixième enfant. Il fit d'assez bonnes études à l'école primaire libre de son village, en même temps qu'il recevait, le soir, des leçons particulières de l'excellent curé du lieu, dont il était l'enfant de chœur. Vers l'âge de quinze ans, malgré ses goûts de plus en plus prononcés pour l'étude, il dut quitter tout-à-fait l'école pour se livrer aux travaux des champs, et particulièrement au jardinage dont il s'occupa toujours avec prédilection.

Dès sa plus tendre enfance, il s'était épris d'une vive passion pour la lecture. Aussi, tous les petits profits qu'il pouvait retirer de ses fonctions d'enfant de chœur étaient-ils consacrés exclusivement à acheter des livres qu'il rangeait soigneusement dans le tiroir d'un vieux bahut. Il commença d'abord par les romans populaires du chanoine Schmitt, de Ducray-Duménil et autres amis des enfants. Plus tard, il aborda les grands romanciers en vogue, les poëtes de l'antiquité et les modernes. Parmi ces derniers, Chateaubriand, Lamartine, Alfred de Musset, Victor Hugo furent ses auteurs favoris et bientôt ses maîtres et ses modèles.

Le 24 janvier 1844, il perdit un frère de deux ans plus âgé que lui et qu'il affectionnait beaucoup. Ce fut à l'occasion de ce premier chagrin de sa vie qu'il soupira ses premiers vers dans une élégie qui sans doute ne brillait pas par la forme, mais où le fond révélait déjà une grande sensibilité de cœur.

Au mois de février 1846, il fut atteint à son tour d'une fièvre typhoïde qui, pendant quarante jours, le tint entre la vie et la mort. Enfin il triompha de la maladie, et, après une assez longue convalescence, il put reprendre le cours de ses occupations habituelles. Mais on comprend facilement que ses goûts littéraires ne s'accordaient pas toujours avec les exigences des travaux agricoles. Souvent la charrue s'arrêtait au milieu du sillon tandis que le jeune poëte-laboureur, assis au bout du champ, à l'ombre d'un fossé planté de *vordres* (1), crayonnait une idylle, en collaboration avec le grillon et l'alouette.

Comme on le voit, le jeune Thévenot ne donnait à l'agriculture qu'un amour beaucoup trop platonique, tandis qu'il réservait toutes ses véritables tendresses pour la poésie, au grand désespoir de ses parents qui, moins lettrés mais plus sages et plus positifs que leur fils, voyaient déjà poindre ses rêves dorés et devinaient, sans avoir lu La Fontaine, qu'il ne tarderait pas à abandonner la proie pour l'ombre. Celui-ci comprit bientôt, en effet, qu'il lui fallait opter entre la culture des champs et celle des lettres, puisqu'il ne pouvait les faire marcher toutes les deux de front, sans que l'une fut fatalement sacrifiée à l'autre; c'est alors qu'il résolut de choisir une car-

(1) Vordre est le nom vulgaire du saule vert (*Salix viridis*).

rière qui lui permit de donner un plus libre cours aux tendances de son esprit et aux aspirations de son âme. Du reste, il fut encouragé à la fois dans cette idée par l'exemple et par les conseils de deux de ses parents, MM. Arcade Bertrand et Charles Delaunay, de Ramerupt; l'un professeur de physique dans l'enseignement secondaire, l'autre professeur de mathématiques dans l'enseignement supérieur.

Il avait d'abord été question pour lui d'entrer dans l'administration des droits réunis. Mais, toujours contrarié par la force d'inertie de son père qui ne voulait faire aucun sacrifice pécuniaire pour le mettre en état de suivre une carrière libérale, il vint trouver le capitaine de recrutement, à Troyes, au mois de juillet 1848, pour demander à s'engager comme soldat. Le défaut d'autorisation paternelle fit encore échouer ce belliqueux projet.

En 1849, un de ses amis d'enfance les plus intimes, dévoré comme lui par ce funeste instinct du siècle qui pousse les jeunes générations à émigrer des campagnes vers les villes, était entré comme compositeur à l'imprimerie Lacour, à Paris. Cet ami l'engagea vivement à l'aller voir, en se faisant une fête de lui montrer toutes les merveilles de la ville incomparable. Le jeune Thévenot, se passant d'une permission qui lui eut été infailliblement refusée s'il l'eut demandée, emprunta une centaine de francs dans la bourse paternelle, où il laissa un billet expliquant les motifs de cet emprunt, et partit incognito pour Paris, au mois d'octobre. Comme il voyageait à pied, de grand matin, par une bise assez froide, pour aller prendre le chemin de fer à Mesgrigny, il fut rejoint, sur la route, entre Arcis et Méry, par la classique diligence, dans laquelle se trouvaient M. Millot, son oncle, et M. Delaunay, gendre de celui-ci, qui se rendaient à la même destination, pour retourner à Paris. Cette rencontre fortuite contraria un peu notre voyageur qu'ils firent monter près d'eux, en s'informant du but et de l'objet de son voyage. Il ne les quitta qu'à Paris pour se rendre chez l'ami où il était attendu, rue Saint-Jacques, n° 72. Il passa huit jours dans la « cité de ses rêves », dont il visita et admira les principaux monuments, et revint enchanté des merveilles qu'il avait vues, et surtout de l'accueil si cordialement affectueux qu'il avait reçu de son excellent ami. Indépendamment de ses agréables impressions de voyage, il rapporta une importante collection de romans illustrés dont lui avait fait cadeau son compatriote (1).

Le 1er mai 1850, le jeune Thévenot se séquestra pour copier toutes ses poésies éparses et en composer un manuscrit sous le titre de : *Récréations poétiques* ou *Rêves et Délices de mon enfance*. Il avait eu soin pour cela de se ménager une retraite cachée entre des bottes de paille dans la grange, avec des provisions de bouche pour plusieurs jours et tout ce qui lui était nécessaire pour écrire. Aussitôt son travail terminé, au bout d'une douzaine de jours, muni de son recueil de vers pour toute fortune et pour toute recommandation, il vint à Troyes, dans le but bien arrêté de se mettre à la recherche d'une position sociale. Chose rare en tout temps, mais surtout dans ce siècle matérialiste, il eut la bonne fortune de s'adresser à un homme de cœur et d'esprit, M. Fossoyeux, inspecteur des écoles primaires du département de l'Aube, dont son précieux manuscrit lui valut d'emblée les encouragements et la protection. Ce généreux et intelligent fonctionnaire le mit en pension chez un instituteur dans la rue Saint-Vincent-de-Paul, et se chargea de lui donner des leçons et de lui ouvrir la modeste et honorable carrière de l'enseignement primaire. Mais, tout en lui faisant continuer ses études littéraires, il lui conseilla de renoncer, pour quelque temps, à faire des vers, dans la crainte légitime que cette passion ne le détournât de travaux plus urgents et plus sérieux. L'élève se soumit à cette sage défense, mais non, toutefois, avant d'avoir exhalé ses regrets dans une élégie restée inédite sous le titre : *Adieux à la Poésie*, que son professeur trouva le lendemain dans ses cahiers de devoirs.

(1) Cet ami, Alexis-Florentin Somsois, revint mourir à Lhuître dans sa famille. Il succomba à une maladie de poitrine, le 13 mai 1852, à l'âge de 22 ans.

§ 2. — Carrière d'enseignement. (1851-1858.)

Au mois de janvier 1851, M. Thévenot fut placé par son protecteur, comme surveillant et maître élémentaire, dans la pension Chéron, l'une des meilleures de la bonne ville de Troyes. Cette position qui permettait au jeune maître de continuer à travailler et à s'instruire, lui offrait encore l'avantage de l'initier à l'enseignement et de suffire à ses modestes besoins. Doué d'une activité dévorante et d'un immense désir de tout apprendre, il menait de front avec ses devoirs professionnels, l'étude du français, du latin, du grec, de l'anglais et de l'allemand.

Le 13 mars 1851, il obtint le brevet de capacité pour l'enseignement primaire, et, le 7 juillet de la même année, à la suite d'un second et brillant examen, il y ajouta toutes les matières facultatives, à la seule exception du chant. Ce fut également pendant son séjour dans la pension Chéron qu'il publia dans le journal *l'Aube*, le 16 avril 1851, sa première pièce de vers, adressée à *M. l'abbé David, chanoine honoraire du diocèse d'Amiens*, qui était venu prêcher la station du carême à la cathédrale de Troyes.

A la rentrée d'octobre, il fut attaché en qualité de maître adjoint à l'école communale de la rue du Bois. Peu de temps après, il fit pendant deux mois l'intérim des fonctions de commis d'Académie. Au mois de février 1852, il fut appelé à diriger la classe d'application annexée à l'Ecole normale primaire de Troyes, d'où il passa, le 3 novembre suivant, à la direction de l'école communale des Tauxelles, dans la même ville.

Il se maria à Troyes, le 22 septembre 1853, avec Madeleine Nérat, alors âgée de seize ans. La nouvelle maison d'école des Tauxelles fut inaugurée par leur noce.

Vers la fin de janvier 1857, une polémique s'éleva entre les journaux *l'Aube* et le *Napoléonien* au sujet de l'école des Tauxelles, à la suite d'une visite faite à cette école par le préfet, le maire et l'inspecteur d'académie. Cette polémique, qui avait pour base l'heure réglementaire d'ouverture de la classe, eut pour conséquence de faire doter l'école d'une horloge et d'une cloche que l'instituteur réclamait en vain depuis longtemps.

Au mois d'août de la même année, M. Thévenot, pendant son séjour à Paris, fit une excursion en Normandie, en compagnie de trois amis avec lesquels il visita la plage de Cabourg-Dives, Caen, le Havre et Rouen : on le voit, le jeune instituteur faisait son chemin.

Le 11 mai 1858, l'administration ayant voulu déplacer M. Thévenot pour donner son poste au fils de l'inspecteur primaire qui avait succédé à son ancien protecteur, il refusa d'accepter un changement qu'il était fondé à regarder comme une disgrâce imméritée, et donna sa démission d'instituteur.

Pendant toute sa carrière d'enseignement, M. Thévenot s'occupa moins de produire que d'étudier et de s'instruire encore, tant au point de vue pédagogique, que sous le rapport purement littéraire. Il n'écrivit guère dans cette période de sept années, que quelques pièces circonstancielles; notamment une *Epître au Prince Louis-Napoléon*, à l'occasion des mesures salutaires prises le 2 décembre 1851, et une *Ode sur la naissance du Prince Impérial*, qui lui valurent l'une et l'autre des remerciements officiels.

Le 26 mars 1858, il avait été reçu membre de la société de l'Union des Poètes, le Comité ayant admis son *Cantique de Débora*, pour être inséré dans le volume des *Olympiades*. Cette pièce vraiment lyrique, tirée de la Bible et dédiée à Mgr Cœur, évêque de Troyes, avait également valu à l'auteur une lettre très-sympathique et très-flatteuse de l'éminent prélat.

§ 3. — Carrière des Poids et Mesures. (1858-1870.)

Après s'être retiré quelques mois dans la famille de sa femme, M. Thévenot subit avec succès un examen d'admissibilité à l'emploi de vérificateur des poids et mesures, et le

24 août 1858, il était appelé à remplir ces fonctions dans l'arrondissement de Nogent-sur-Seine.

En même temps que cette nouvelle carrière lui laissait beaucoup plus de loisirs et d'indépendance pour s'occuper de travaux littéraires, elle lui fournit encore une admirable occasion de se mettre en relief dans la presse locale. En effet, dès son arrivée à Nogent, il se lia intimement avec M. Faverot, imprimeur et propriétaire-gérant de *l'Echo-Nogentais*, qui, non-seulement se fit un plaisir de mettre son journal à la disposition de M. Thévenot pour y insérer ses productions littéraires, mais encore le chargea d'en être le principal rédacteur. Plusieurs pièces de vers et de nombreux articles en prose soit sur l'histoire locale, soit sur la chronique, marquèrent cette active collaboration qui se continue encore aujourd'hui.

Pendant son séjour à Nogent, M. Thévenot fit aussi la connaissance de M. le baron Charles Walckenaër qu'il alla voir plusieurs fois au Paraclet. Lors de sa première visite, qui eut lieu le 14 novembre 1858, il adressa à son hôte une pièce de vers dans laquelle celui-ci crut voir un trait dirigé contre le libre-penseur. Il s'empressa d'y répondre par une ardente profession de foi religieuse intitulée : *O Crux ave !* réponse qui fut en même temps une éclatante révélation du talent poétique de M. Walckenaër, jusqu'alors ignoré du public et de lui-même (1).

En 1859, M. Thévenot publia sous le titre de *Torts et travers*, un volume de poésies et de nouvelles en prose qui tiré seulement à un petit nombre d'exemplaires, commença néanmoins sa réputation littéraire en donnant la mesure d'un talent naturel, gracieux et facile.

Le 1er janvier 1860, il fut appelé à remplir les mêmes fonctions de vérificateur à Arcis-sur-Aube, et là, comme à Nogent, il continua à s'occuper, pendant ses loisirs, de littérature, de poésies et de recherches sur la statistique et sur l'histoire locales, en même temps qu'il collaborait à *l'Echo d'Arcis* et

(1) Voir *Mes Veillées au Paraclet*, poésies par le baron Ch. Walckenaër.

aux divers journaux du département, ainsi qu'à la *France littéraire* de Lyon et à la *Tribune lyrique* de Macon.

Le 15 mars 1861, il fut reçu membre associé de la Société Académique de l'Aube. En octobre de la même année, il publia, sous le titre de *Projet d'Ephémérides communales*, un mémoire préalablement soumis au Sénat sous forme de pétition, mémoire qui avait été renvoyé au bureau des renseignements dans la séance du 27 juin précédent.

Du 1er au 15 août 1863, il fit, en compagnie de Madame Thévenot, une excursion sur les côtes de Normandie et de Bretagne, visitant principalement les plages de Dieppe, du Hâvre, de Trouville et du Mont-Saint-Michel.

En 1864, il publia, chez Dentu, sous le titre : *De la Décentralisation intellectuelle et des Progrès des arts, des sciences et des lettres en province*, un important Mémoire qu'il avait présenté au Congrès scientifique de France, dans sa 31e session, tenue à Troyes du 1er au 10 août. Ce mémoire, dont les conclusions furent adoptées, demandait qu'il fût dressé chaque année, par les soins du Congrès, une statistique intellectuelle de la France, comprenant notamment les Sociétés savantes, les Etablissements d'instruction, les Musées et Bibliothèques, les Publications périodiques et autres, enfin la liste des principaux Agriculteurs, Savants, Artistes et Littérateurs qui se seraient distingués par des travaux remarquables (1).

En 1865, il reçut une médaille de bronze du Ministère de l'agriculture et du commerce pour services rendus comme membre de la commission cantonale de statistique agricole du canton d'Arcis-sur-Aube.

Mais ses travaux poétiques et littéraires ne détournaient point M. Thévenot de ses devoirs professionnels qu'il remplissait toujours avec zèle, et dont il faisait même une étude spéciale. En 1863, il avait pris l'initiative d'une pétition collective qui fut adressée au Sénat par les vérificateurs du dé-

(1) Cette statistique intellectuelle est faite aujourd'hui par l'Institut des Provinces qui en public les résultats pour chaque département dans l'*Annuaire des Sociétés savantes*.

partement de l'Aube pour signaler les réformes et les améliorations les plus urgentes à introduire dans le service des poids et mesures. Sur le rapport très-favorable de M. de Ladoucette, cette pétition avait été renvoyée au Ministre compétent dans la séance du 21 avril. Mais aucune solution n'intervenant malgré ce renvoi, M. Thévenot résolut de se concerter avec tous ses collègues de France afin d'étudier sérieusement la question de réorganisation de leur service, au double point de vue du personnel et de la vérification pratique des poids et mesures. Il leur adressa, à cet effet, vers la fin de 1865, une circulaire renfermant le programme sommaire des principales questions à traiter, sur lesquelles chacun était invité à donner son avis. A la suite et comme résultat de cette enquête officieuse, il publia, en janvier 1866, un nouveau mémoire sous le titre de *Projet de réorganisation du personnel et du service des poids et mesures*, travail qui était le résumé général et succinct des vœux émis sur la matière, et qui fut transmis au Ministère de l'agriculture et du commerce, accompagné des bulletins d'adhésion de la plupart des vérificateurs.

Le 13 juillet 1866, il fut reçu membre visiteur de la société lyrique du Caveau à Paris. Le 8 octobre suivant, il fut appelé à déposer dans l'enquête agricole devant M. Genteur qui lui adressa des compliments et des remerciements très-flatteurs au sujet de l'important rapport qu'il avait rédigé à cette occasion sur la situation générale de l'agriculture dans l'arrondissement d'Arcis (1).

Le 12 novembre, il eut la douleur de perdre sa mère, excellente et laborieuse femme, qui mourut à la suite d'une chute dans laquelle elle s'était rompu la colonne vertébrale (2).

Le 17 du même mois, il fut appelé au poste de vérificateur à Troyes. Dès son arrivée dans cette ville, où l'appelaient à la fois ses affections et ses intérêts, et où il était résolu de se fixer désormais, il acheta sur la rive droite du canal, au numéro 42,

(1) Voir le volume de l'*Enquête agricole*, 11e circonscription, page 200.

(2) Voir dans le volume de poésies : LES VILLAGEOISES, la pièce : *Une Villageoise*, page 255.

une habitation charmante avec un jardin qu'il fit dresser sur un nouveau plan pour y réunir l'utile et l'agréable.

Le 12 mars 1867, il obtint une médaille d'or au concours de la Société Académique de l'Aube pour la *Statistique générale du canton de Ramerupt* (1), travail très-important, très méthodique et très complet qui lui valut également une médaille d'or, à l'effigie d'Olivier de Serres, de la Société centrale d'Agriculture de France, en 1869, et une première mention honorable de l'Académie des sciences en 1870.

En 1868, M. Thévenot publia sous le titre : *Les Villageoises*, un volume de poésies accompagné du portrait photographié de l'auteur et d'une amicale préface de M. Joseph Lesguillon. Ce volume, favorablement accueilli du public et de la presse, fut honoré d'une médaille d'argent de première classe par la Société d'Emulation des Vosges, et valut à son auteur des lettres très-flatteuses d'un grand nombre de célébrités littéraires contemporaines parmi lesquelles nous citerons : Frédéric Aubanel, Prosper Blanchemain, Louis Bouilhet, Emile Deschamps, Jules Janin, Victor de Laprade, Ernest Legouvé, Achille Millien, Frédéric Mistral, Joseph Roumanille, Sainte-Beuve, Isidore Salles, Joséphin Soulary, le baron Walckenaër, etc. Le poète, en effet, se révèle ici dans toute la pureté et la maturité de son souple et gracieux talent, qui excelle à peindre les petits tableaux rustiques, comme à exprimer les pensées morales et les sentiments intimes de l'âme. Nous signalerons notamment parmi les pièces les plus remarquables de forme et de fond que l'on trouve dans ce volume : *La Moissonneuse, la Femme, les Quatre Ages, A mon Fils, Cantique de Débora, Voici l'hiver, Une Villageoise, etc.*

Le 23 novembre 1868, à l'occasion de l'inauguration du nouveau théâtre de Nogent-sur-Seine, il fut chargé de composer une ode *A la Ville de Nogent*, qui fut dite sur la scène comme lever de rideau par M. Gaillard, premier rôle de la troupe dramatique, comme on dit en province.

(1) Cette statistique a été publiée dans les *Mémoires de la Société Académique de l'Aube* en 1868, et tirée à part à 100 exemplaires.

Le 18 février 1869, il fut nommé membre correspondant de la Société d'Emulation des Vosges.

Depuis son mariage, M. Thévenot avait eu déjà cinq enfants (alternativement une fille puis un garçon), qui tous, mis en nourrice, étaient morts en bas âge. Le 16 mars 1870, date heureuse et prédestinée, il lui naquit de nouveau un fils (Gaston-Louis-Arsène) que sa mère éleva elle-même et qu'ils eurent enfin le bonheur de conserver.

Au moment de la guerre, redoutant pour sa femme et son jeune enfant les conséquences funestes de l'invasion dont nous étions menacés, il les fit retirer à Dunkerque, dans la famille de l'un de ses amis qui, dès nos premiers revers, s'était empressé de leur offrir l'hospitalité. En même temps, comprenant qu'un fonctionnaire se devait plus que tout autre citoyen à son pays, et qu'il n'y avait plus en ce moment qu'une manière de le servir, il écrivit au préfet de l'Aube, le 16 août, pour l'informer qu'il mettait sa maison et son mobilier à la disposition du Service des Ambulances, et pour lui demander l'autorisation de s'enrôler dans la compagnie de volontaires des Francs-Tireurs de l'Aube. Après s'être équipé à ses frais, il prit part à deux expéditions d'éclaireurs faites en septembre et octobre, dans les environs de Sézanne, ville qui était occupée en ce moment par les Prussiens. A son retour de la seconde de ces expéditions, le 9 octobre à 10 heures du soir, il reçut la notification d'un arrêté, daté du 28 septembre précédent, par lequel le citoyen Lignier, nouveau préfet de l'Aube, le révoquait des fonctions de vérificateur des poids et mesures à Troyes, sans indiquer aucun motif de cet arrêté. Le lendemain, M. Thévenot écrivit à M. Lignier pour protester contre cette iniquité commise en violation de toutes les promesses des nouveaux gouvernants, pour satisfaire une misérable haine personnelle (1).

(1) M. Lignier n'avait pu pardonner à M. Thévenot son dévouement bien connu pour l'Empire, et surtout les échecs électoraux qu'il avait subis comme candidat à la députation, en 1861 et en 1863 ; échecs auxquels celui-ci avait contribué en soutenant la candidature du baron de Plancy.

Après sa révocation, M. Thévenot demeura chez lui où il s'empressa de faire revenir sa femme et son fils, qui, à cause de l'investissement de Paris et de l'interruption des communications, furent obligés de faire un détour considérable, et de passer par Amiens, Le Mans et Nevers pour regagner Troyes par la ligne de Châtillon (1).

§ 4. — Carrière commerciale. (1871-1878.)

Pour occuper ses tristes loisirs pendant toute la durée de l'occupation allemande, M. Thévenot entreprit, sur le conseil et avec le concours de M. d'Arbois de Jubainville, archiviste de l'Aube, d'opérer le classement et le dépouillement de la volumineuse correspondance du Prince François-Xavier de Saxe, formant une des parties les plus intéressantes et les plus riches des Archives départementales. Après un travail assidu de près d'un an, il retira d'abord de cette laborieuse exploration les éléments d'une *Histoire de la Ville et de la Châtellenie de Pont-sur-Seine*, ouvrage qui parut en 1873, en un volume in-12, accompagné d'un plan de la ville et du territoire avec une vue de l'Eglise et une vue du Château de Pont; ensuite et principalement la matière d'un beau volume in-8° de 350 pages qui parut en 1874, chez Dumoulin, libraire-éditeur à Paris, 13, quai des Augustins, sous le titre de : *Correspondance inédite du Prince François-Xavier de Saxe, connu en France sous le nom de Comte de Lusace*. Cet important ouvrage qui offre un reflet fidèle de la politique générale de l'Europe de 1750 à 1790, et donne de curieux détails sur la cour de France à la même époque, obtint un grand retentissement dans la presse française et étrangère; il valut à M. Thévenot des félicitations unanimes, dont une lettre très flatteuse de la part du roi de Saxe, et fut honoré d'une souscription du Ministère de l'instruction publique.

(1) Dans ce pénible voyage de retour, Mme Thévenot courut de grands dangers et perdit tous ses bagages qui, égarés à la bifurcation de Vierzon, allèrent jusqu'à Marseille, d'où ils ne revinrent qu'au bout d'un an.

En même temps qu'il travaillait aux deux ouvrages précédents, M. Thévenot s'occupa aussi, dès que la France fut dotée d'un gouvernement régulier, de revendiquer le modeste poste dont il avait été dépouillé par les aventuriers de Septembre. Mais faisant de sa question personnelle une question générale, en vertu de cette vérité exprimée par Montesquieu, que l'injustice faite à un seul est une menace faite à tous, il voulut plaider avec sa cause celle de tous les petits fonctionnaires qui peuvent chaque jour, au milieu de nos divisions politiques, se trouver en butte aux mêmes excès de pouvoir.

Le 15 mai 1871, il publia en brochure sous le titre de : *De la situation des Fonctionnaires sulbalternes en France*, une étude dans laquelle il indique sommairement les garanties de capacité à exiger de tous les agents de l'Etat, et les garanties d'indépendance relative et de stabilité à leur accorder. Ce mémoire, dont les conclusions sont marquées au coin d'un esprit éminemment juste et libéral, est suivi d'une lettre à la fois ferme et digne, adressée au citoyen Lignier ancien préfet, pour protester contre certains faits de son administration accidentelle.

M. de Tracy qui succéda à M. Lignier comme préfet de l'Aube, après avoir formellement promis à M. Thévenot de le réintégrer dans son modeste emploi à Troyes, se trouvant tout à coup circonvenu dans ses bonnes intentions par une influence locale occulte (1), lui conseilla d'adresser une pétition à l'Assemblée nationale pour réclamer contre la spoliation dont il avait été victime. Cette pétition, rapportée le 27 juillet 1871, ayant été accueillie par l'ordre du jour et le pétitionnaire renvoyé à se pourvoir directement près de l'administration (2), celui-ci fit une démarche au Ministère de

(1) Cette influence était celle de M. Henry, maire de Troyes, qui ne fut pas réélu au Conseil municipal en 1874.

(2) Voir le journal *l'Aube* des 29 juillet et 1er août 1871, au sujet de cette pétition, ainsi que la *Lettre à M. le Président de l'Assemblée nationale* sur le même objet, insérée dans la brochure *Esquisse critique sur le Fonctionnarisme*.

l'agriculture où il obtint la promesse d'être proposé au préfet des Bouches-du-Rhône pour la place de vérificateur vacante à Arles. Mais, après deux mois encore de vaine attente, il se désista de sa demande et acheta un fonds de commerce de papiers en gros qu'il exploite actuellement, rue de la Trinité, 5, à Troyes. Par une coïncidence assez singulière, quelques jours à peine après ce désistement, il recevait la notification de sa nomination au poste d'Arles qu'il ne pouvait plus accepter en ce moment.

Le 30 mai 1872, il perdit son père, Arsène-Augustin Thévenot, ancien cultivateur âgé de 86 ans.

Le 1er décembre de la même année, il publia dans les *Annales de la Société horticole, vigneronne et forestière de l'Aube* une Notice nécrologique sur M. Charles Delaunay de l'Institut, et une autre sur Mme Charles Baltet, née Hortense Mignard ; tous deux morts noyés accidentellement dans des circonstances différentes mais également déplorables.

Le 22 janvier 1873, M. Thévenot assista au service de la mort de l'Empereur Napoléon III, à l'église de Saint-Augustin, à Paris.

Au mois d'octobre suivant, il publia en brochure, sous le titre : *Esquisse critique sur le Fonctionnarisme et la Bureaucratie en France*, une nouvelle étude administrative dans laquelle il blâme l'esprit formaliste et routinier de la bureaucratie française et se fait encore une fois le défenseur zèlé des fonctionnaires subalternes, trop souvent exposés à d'injustes tracasseries de la part des sous-employés de bureau.

Le 16 mars 1874, il fait partie de la délégation du département de l'Aube qui se rend à Chislehurst pour présenter ses hommages au Prince Impérial, à l'occasion de sa majorité constitutionnelle. Dans cette visite il adressa au Prince les paroles suivantes : « Monseigneur, mon dévouement à l'Empire a été le culte politique de toute ma vie, et j'ai un jeune fils que j'élève dans les mêmes sentiments pour le service de votre future Majesté. » Ce sont là de nobles et touchantes paroles.

Le 1er août de la même année, il publie une brochure spéciale ayant pour titre et pour objet : *Examen critique du Décret du 26 février 1873 sur la réorganisation du Service des poids et mesures* ; nouveau mémoire qui révèle une connaissance parfaite de la matière dont l'auteur n'a cessé de s'occuper avec prédilection.

Au mois de novembre suivant, il publie une *Notice descriptive et historique sur l'Eglise de Lhuître*, brochure in-8° de 32 pages accompagnée de trois dessins lithographiés. Cette église, classée parmi les monuments historiques du département de l'Aube, ayant été en partie incendiée par la foudre dans la nuit du 10 au 11 juillet 1874, et les pertes matérielles s'élevant à environ 200,000 francs, M. Thévenot, avec le concours de M. le Maire et de M. le Curé de Lhuître, organisa une souscription publique pour aider à la restauration de ce bel édifice (1).

Au mois d'avril 1875, il publia en une autre brochure de 32 pages in-18, une *Etude sur Mes Veillées au Paraclet*, poésies publiées l'année précédente sous ses auspices, par son excellent ami M. le baron Charles Walckenaër.

En 1876, il donna dans *l'Annuaire de l'Aube* une Notice descriptive et historique sur le Théâtre de Troyes, et, dans le même ouvrage pour 1877, une Notice de 54 pages in-8° sur l'ancien Collège et le Lycée de la même ville.

Le 8 février 1877, M. Thévenot a été nommé membre correspondant de l'Institut des Provinces de France, pour l'arrondissement de Troyes.

Le 16 avril, il a publié en brochure de 36 pages in-12, une étude biographique et littéraire sur *M. Théodore Vibert, candidat à l'Académie française.*

Le 1er juin, il a obtenu de la Société Académique de l'Aube, une médaille d'or de première classe, comme prix de genre, pour la Biographie de M. Charles-Eugène Delaunay, membre

(1) Cette souscription qui atteint aujourd'hui environ 25,000 francs, doit être consacrée exclusivement à la reconstruction de la grosse tour romane entièrement calcinée à l'intérieur par l'intensité du feu.

de l'Institut et du Bureau des Longitudes, directeur de l'Observatoire de Paris. Cet important travail qui va paraître dans les Mémoires de la Société sera tiré à part, en un volume édité par Gustave Masson, boulevard Saint-Germain, à Paris.

§ 5. — Résumé et Appréciations générales.

Dans les paragraphes qui précèdent, nous avons indiqué aussi succinctement que possible les principales étapes de la vie si active et si accidentée de M. Thévenot. Comme on l'a vu, cette existence toujours modeste, toujours utile et toujours honorable, présente jusqu'à ce jour quatre phases bien distinctes :

1° De 1828 à 1850, enfance et carrière agricole, dans son village ;

2° De 1850 à 1858, carrière d'enseignement, à Troyes ;

3° De 1858 à 1870, carrière de vérificateur des poids et mesures, à Nogent, à Arcis et à Troyes ;

4° De 1870 à 1878, carrière commerciale, à Troyes,

Nous ajouterons qu'il y a peu d'hommes, forcés par les circonstances d'embrasser autant de carrières diverses, qui les aient toutes aussi bien remplies. Cependant, il convient de dire que M. Thévenot n'a pas précisément le goût ni le feu sacré du commerce. Apollon ne saurait s'accorder chez lui avec Mercure. Mais, heureusement, sous ce rapport, il est admirablement secondé, ou plutôt avantageusement remplacé par Mme Thévenot qui possède au suprême degré ce qu'on appelle le génie des affaires. Aussi peut-il, tandis que celle-ci dirige sa maison et commande un assez nombreux personnel, s'occuper tout à loisir de ses chères études et de ses travaux poétiques et littéraires.

Physiquement, M. Thévenot est d'une taille un peu au dessous de la moyenne (1 m. 60) ; il a le front très découvert par une précoce calvitie ; la figure ronde et régulière, l'œil noir et vif. Depuis l'année 1864, il porte toute sa barbe taillée de 3 à 4 centimètres de longueur. Moralement c'est l'homme le plus loyal, le plus honnête et le plus obligeant que l'on puisse rencontrer. Inhabile à solliciter pour lui-même, ennemi du favoritisme et ne voulant jamais rien demander qui ne soit juste et légitime, il est toujours prêt à rendre des services personnels ou à faire des démarches pour les autres. Il a été bien souvent victime de sa confiance et de son dévouement ; mais son zèle à faire le bien et à se rendre utile ne s'en est ni refroidi ni ralenti.

Au point de vue politique, M. Thévenot qui n'a jamais été le favori d'aucun pouvoir, est un type de fidélité et de loyauté dans ses convictions impérialistes. Au milieu des luttes et des discussions auxquelles il a pu se trouver amené à prendre part, il a toujours su se montrer excessivement modéré et respectueux pour les opinions et les personnes de ses adversaires, au point de forcer ceux-ci à lui conserver leur estime et leur sympathie. Mais c'est surtout depuis la chute de l'Empire qu'il prit un rang distingué dans le département de l'Aube, parmi les défenseurs de ce régime, qui répond le mieux, selon lui, aux aspirations et aux besoins de notre époque et de notre pays, et peut seul assurer encore à la France les bienfaits de la véritable liberté, de l'ordre et de la sécurité publique.

Comme littérateur, M. Thévenot occupe également une place très-honorable parmi les poètes et les prosateurs de la province. Sans doute ses travaux littéraires ne sont pas de ceux qui peuvent ouvrir les portes de l'Académie Française, car ils se ressentent parfois du défaut d'études classiques achevées ; mais pour être moins profonds ou moins normaliens, ils n'en sont souvent que plus accessibles, plus agréables et plus intéressants. En poésie, il est de l'école de Lamartine, et sa première maîtresse fut la nature. Il ne va chercher ses sujets ni bien loin ni bien haut, et les prend tous sous ses yeux ou dans son cœur. Il se complait surtout dans les petites pièces de sentiment et dans les tableaux rustiques où il excelle. En prose, c'est un travailleur infatigable et un décentralisateur ardent et convaincu qui rapporte tout à son pays et s'occupe particulièrement de recherches sur la statistique et l'histoire locales. Il collabore à une foule de revues et de journaux politiques et littéraires parmi lesquels nous citerons : *La Revue de Champagne et de Brie*, *le Nord-Est agricole et horticole*, *les Annales de la Société horticole*, dont il est le principal rédacteur depuis 1868, tant comme secrétaire général que comme vice-président ensuite de cette Société ; *l'Annuaire de l'Aube*, où il donne chaque année une notice sur un monument ou un établissement public de la ville de Troyes ; *l'Arcisien*, almanach dans lequel il publie tous les ans, depuis 1860, la monographie de l'une des communes de l'arrondissement d'Arcis-sur-Aube, accompagnée d'une carte lithographiée du territoire ; *l'Echo d'Arcis*, *le Courrier de l'Aube*, *la Revue de la Jeunesse*, *la Revue et Gazette des Théâtres*, *l'Almanach du Sonnet*, etc. Enfin, il est en ce moment prêt à mettre sous presse une *Histoire de la Ville et de la Châtellenie d'Arcis-sur-Aube*.

Plusieurs notices biographiques ont déjà été consacrées à M. Arsène Thévenot, notamment dans les ouvrages suivants :

1858. — 2e volume des *Olympiades*, page 311 ;

1864. — *Journal des Arts*, par Guyot de Fère, page 163 ;

1871. — 3e volume de *La Littérature française contemporaine*, par le Colonel Staaff, page 1,005;

1877. — 1er volume du *Livre d'or des Poètes*, par Edgard Montbrun, page 223 ;

1877. — *Biographie nationale des Contemporains*, p. 754 ;

1877. — *Catalogue général de la Librairie française*, par O. Lorenz, tome IV, page 491.

Paris, le 10 Octobre 1877.

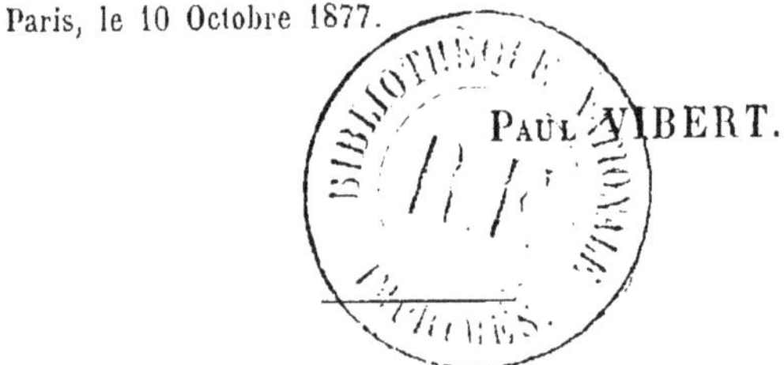

Paul Vibert.

TABLE DES MATIÈRES

TROYES — DUFOUR-BOUQUOT

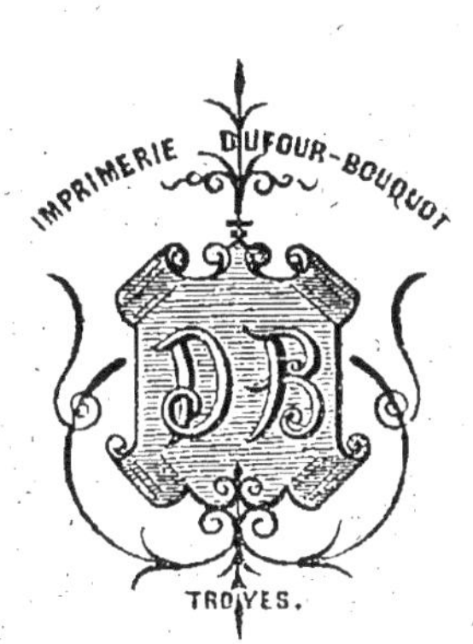
IMPRIMERIE DUFOUR-BOUQUOT
DB
TROYES.

www.ingramcontent.com/pod-product-compliance
Ingram Content Group UK Ltd.
Pitfield, Milton Keynes, MK11 3LW, UK
UKHW020410250726
13967UKWH00006B/2561